LE SUFFRAGE

DE

LA RELIGION,

SUR LA GLORIEUSE ISSUE DE LA GUERRE D'ESPAGNE
ET LES VOEUX QU'ELLE FORME.

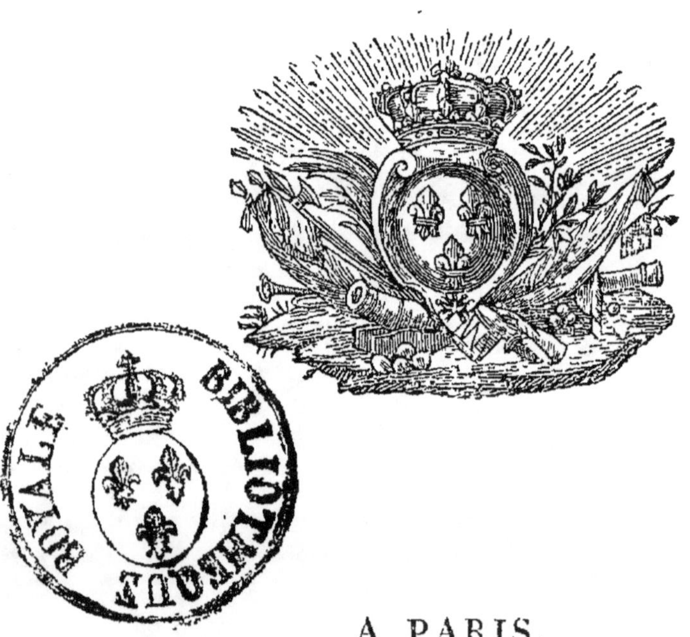

A PARIS,

Chez Adrien Le Clere, Imprimeur de N. S. P. le Pape, et de
Mgr. l'Archevêque de Paris, quai des Augustins, n°. 35.

1823.

LE SUFFRAGE

DE

LA RELIGION,

SUR LA GLORIEUSE ISSUE DE LA GUERRE D'ESPAGNE ET LES VŒUX QU'ELLE FORME.

Les temples saints ont retenti de chants d'allégresse et d'actions de grâce, parce que, le ciel secondant la valeur d'un Prince magnanime, la paix a été rendue à une nation notre alliée, et qu'un Bourbon a recouvré la liberté. Une joie universelle brille sur le front de tous les bons Français, et se manifeste avec transport. Pauvre France! c'est la seconde fois que, depuis tant d'années de désolation et de deuil, tu peux te livrer à la jubilation; qu'il te semble que le génie du mal va cesser d'exercer sur tes destinées son horrible influence, et qu'un Dieu juste veut mettre un terme à tes longues calamités! Hélas! chaque année, le 21 janvier te renouvelle le cruel souvenir d'un Roi débonnaire, immolé par la barbarie de ses propres sujets : le 16 octobre, le supplice d'une Reine plus grande encore par le charme de sa royale bonté que par l'élévation du rang suprême : d'autres jours *néfastes* te rappellent encore d'autres déplorables massacres et te font répandre des pleurs. Mais suspends tes larmes et ta douleur; jette les yeux sur l'étendard de la gloire française, qui revient de la terre ibérienne, surchargé de lauriers. L'ancienne et superbe Cadix, renfermant dans son sein le rebut des hommes, tenant le poignard sur la poitrine de son Roi, vient de céder à la vaillance d'un Bourbon, malgré l'océan qui en protégeoit les remparts prétendus inexpugnables; elle s'est rendue, au moment d'être prise d'assaut, à un noble guerrier qui n'avoit encore combattu que contre le malheur. La victoire le ramène : que son retour excite ton allégresse! Bientôt tu le verras semblable au dieu Mars par la bravoure, au dieu de la paix par ses admirables sentimens, au génie de la modestie par les plus généreux procédés, posant ses couronnes aux pieds du chef auguste de sa race immortelle, auteur de notre présente félicité; apparoissant le front couvert de lauriers, en présence de son illustre père, qui, le cœur rempli d'amour, le front de grandeur, le regard d'aménité, ne cesse de bénir le ciel de ce qu'il daigne préparer à sa royale lignée des jours plus sereins que les siens; se présentant devant l'héroïne de toutes les infortunes, reste précieux d'un sang qu'idolâtre la France étonnée de voir le sourire se poser sur ses lèvres et le bonheur

s'approcher d'elle... Que dis-je? ô France! con-
temple cette jeune et grande Princesse, mère d'un
enfant roi qu'un prodige a fait naître, qui, à
l'aspect du sauveur de l'Espagne, se réjouit de rester seule malheureuse et inconsolable! Heureuse
France! après tant de malheurs, qui pouvoit te
promettre un spectacle aussi délicieux?

Le siége déjà renommé de la Carthage d'Espagne,
par un nouveau Scipion, saisit d'admiration tous
les guerriers de l'Europe. Le chrétien le compare
à celui de la coupable et infortunée Jérusalem.
Celle-ci frissonne de terreur et de foiblesse, s'o-
piniâtre par égarement et par orgueil en aper-
cevant autour de ses murailles l'envoyé de Rome
pour la saccager; et Cadix tremble et soutient sa
révolte à l'aspect d'un fils de France à la tête de
sa valeureuse armée qui vient la réduire. Que de
traits de ressemblance entre ces deux criminelles
cités! L'une pleine d'atroces déicides se couvrit
du sang de son Dieu; l'autre, remplie d'une tourbe
de féroces soldats, est au moment de percer le
cœur de son roi. Toutes deux sont en proie à
l'horreur des partis, à la famine et au désespoir
qui les accable. Leurs crimes les épouvantent, et
elles n'ont pas le courage de les expier. Titus, chef
des légions romaines, lance à regret sur Jérusalem
ses foudres de guerre : le descendant de Henri
bombarde malgré lui l'ancienne Gadiva des Phé-

niciens. Le capitaine romain sauve le roi Agrippa, et la célèbre Bérénice, si remarquable par sa beauté; et le général français rompt les fers de Ferdinand, et ressuscite en quelque sorte l'auguste, la plaintive et la ravissante fille de Saxe. Sur le sol judaïque, comme sur la plage de l'Ibérie, le sang qui se verse dans les rangs ennemis est un sang qui abhorre la justice, l'ordre, les lois, la religion et la paix, un sang l'effroi du monde.

Mais ce ne sont pas seulement les nations corrompues qui sont sujettes à ces grandes calamités que le ciel envoie pour les punir; quelquefois les plus portées à honorer le Tout-Puissant y sont exposées. Qu'on observe que l'Espagne n'est devenue le foyer d'une guerre sanglante que parce que les méchans de toute l'Europe l'ont regardée comme la dernière nation éminemment religieuse, et qu'ils ont compris que, pour ravager le monde, il falloit d'avance détruire de fond en comble la religion dans son dernier asile, pour renverser ensuite en tous lieux la royauté légitime, inspiration céleste, gouvernement patronal des nations qu'indique la nature elle-même dans le modèle du gouvernement de la famille. Or, ce que la scélératesse et le crime ont attaqué avec tant d'ardeur et de persévérance, il faut que l'honneur et le sentiment du bien entreprennent de le défendre et de le rétablir avec non moins de zèle; parce que la religion a été et sera toujours regardée comme le fondement de toute bonne institution, rien n'a changé ni ne changera jamais relativement à l'influence essentielle que le ciel lui-même lui a donnée. Les temps modernes sont comme les temps anciens, parce qu'ils ne sont ensemble que le passage de là même espèce d'hommes sur la terre, avec les mêmes pensées, les mêmes sentimens, les mêmes habitudes. Des peuples sauvages se civilisent, et des peuples civilisés retombent dans la barbarie par l'attachement ou par l'abandon du culte du souverain Être, qui ouvre ou qui ferme l'empyrée d'où descendent toutes les lumières, toutes les vertus, sources de la tranquillité de la terre. On se rappelle les prédictions faites en France sur les malheurs qui la menaçoient bien avant l'époque de nos troubles civils, comme on a lu, dans l'historien Joseph, le récit de la surprenante clameur d'Ananus autour des portiques de l'ancien temple : *Malheur à Jérusalem, malheur au temple de Dieu!* annonçant la ruine et la dispersion d'Israël quatre années avant que cet événement s'accomplît; parce que, comme selon l'ordre immuable de la nature prescrit par la Providence elle-même, le soleil du printemps fait fermenter la terre et annonce la germination, ainsi l'impiété des peuples, les désordres dans la morale publique, l'oubli des devoirs sacrés imposés aux hommes, publient d'avance la colère d'un Dieu juste, et prophétisent les révolutions, fièvres pernicieuses des Etats.

Les maux de l'Espagne ne se sont point préparés dans son sein religieux. C'est une tempête étrangère qui y a conduit ses fatales nuées. C'est une flamme dévastatrice allumée loin de ses heureuses provinces et poussée par le crime jusqu'au milieu de ses cités, qui a produit le terrible incendie que vient d'éteindre le Tout-Puissant par la main d'un héros dont les malheurs avoient nourri le courage. Ferdinand VII retrouve sur place tous les décombres, et, en se hâtant de réédifier aussitôt sur le modèle de l'ancien ordre, il pourra réparer tous les désastres passés. Déjà les lois désorganisatrices sont révoquées, les pontifes de ses temples rentrent dans leurs églises ; ils retrouvent avec leurs premiers héritages, patrimoine du pauvre, leurs anciens dogmes, leurs lois disciplinables que le génie malfaisant de l'anarchie n'a pas eu le temps d'altérer ou de changer. En France, terre longtemps honorée de toutes les nations, en France, patrie de la religion, des sciences, de la politesse, des arts et de la valeur, croissoit secrètement, depuis plus d'un siècle, un volcan souterrain qui devoit troubler tout l'ancien monde, en s'entrouvrant tout à coup. Ses laves dévorantes qui bouillonnoient depuis si long-temps, son feu destructeur dont le bruit sourd avertissoit les sages, se firent un horrible jour en 1789, et se répandirent partout. Or, remarquons quel en fut le premier ravage, pour mieux connoître la marche et le progrès du mal : ce fut le renversement de l'église gallicane, l'établissement de la constitution civile du clergé, l'exil des pontifes et des prêtres. Le carnage, les échafauds, le lamentable attentat qui fit périr le meilleur des Rois et toute son auguste famille ne vinrent qu'après. Pourquoi? parce que, pour opérer de grands crimes, pour désorganiser un grand Etat, il faut avant tout soulever une génération entière, et qu'on ne peut la soulever qu'en rompant avec perfidie ces liens heureux et sacrés dont la Providence elle-même s'est servie pour attacher le peuple à ses devoirs, au travail, à la tranquillité, qui peuvent seuls faire son bonheur. La raison, l'expérience, l'histoire et les leçons de toutes les révolutions de la terre nous apprennent ensemble que, toutes les fois que le crime a voulu étendre ses voiles sanglans sur l'humanité, il n'a jamais emprunté que les secours et la violence des peuples sans Dieu; parce que l'irréligion est et sera toujours le poison le plus mortel et le plus efficace des empires fondés sur l'ordre, la justice et l'utilité générale.

O souverain Être! ô Christ, fils unique de Dieu!

la France, l'Espagne prosternées aux pieds des autels, en reconnoissance du prodige que vous avez daigné opérer autour des remparts de Cadix, où la révolte et la scélératesse s'étoient renfermées pour en ressortir comme des torrens pernicieux qui confondent ou détruisent tout, vous supplient, en ces jours de bénédiction et de grâce, de conjurer enfin de leurs limites et du monde entier le plus effrayant de tous les fléaux, l'irréligion et l'impiété.

Déjà vous avez inspiré à l'illustre descendant de saint Louis, à notre Monarque revenu des plages de l'exil, au milieu des transports d'un peuple qui le nomme son Roi désiré et sa plus chère espérance, les plus salutaires et les plus consolantes pensées. Déjà, par les augustes soins de sa sagesse, la discorde garde le silence, le courage et la bravoure se sont ralliés de nouveau autour des glorieux lys; mais Louis XVIII n'ayant été rendu à nos vœux et à nos cœurs qu'après trente années d'agitation et de tourmente, de confusion et de désordre, son auguste main n'a pu encore rendre tout le lustre, toute l'autorité, toute la nécessaire puissance à la religion de Clovis, de Charlemagne et de saint Louis, dont la philosophie du dix-septième siècle, qui engendra le relâchement d'un grand nombre et l'indifférence de plusieurs, avoit déjà fait tomber en funeste désuétude la plupart des antiques lois

que les premiers successeurs des apôtres avoient
rendues avec tant de prévoyance et de sagesse.
Pendant le grand règne de Louis XIV, on regar-
doit déjà comme presque absurde le décret con-
firmé par tant de conciles généraux, qui ordonnoit
que la sépulture ecclésiastique fût refusée à qui-
conque auroit omis d'accomplir aux solennités
pascales le précepte eucharistique. Le bruit qu'a-
voit fait en divers Etats de l'Europe la foudre romaine lancée contre quelques princes, et les effets
qui s'en étoient suivis, provoquèrent immédiate-
ment après les jours d'Henri IV une désappro-
bation presque générale, pour ne rien dire de plus,
de l'usage de l'excommunication, et cette censure
si long-temps efficace contre les déréglemens des
chrétiens, et la violation des lois sacrées, indiquée
par l'esprit même de Dieu, expressément renfer-
mée dans les Epîtres de saint Paul, perdit tout à
coup ce qu'elle avoit de plus imposant et de plus
salutaire : à peine la France assujettie à un joug
étranger s'occupa-t-elle de la courageuse sentence
qu'un pontife, si inhumainement persécuté, crut
devoir prononcer contre le redoutable usurpateur
du trône de nos rois, qui, de son autorité despo-
tique, avoit commandé qu'on rendît, contre les
ordonnances saintes, le droit de participer à tous
les priviléges des vrais fidèles, à ces hommes dont
la profession unique est de se donner en spectacle

sur les théâtres et dans les lieux publics; qui avoit ouvert au musulman, au juif et à l'hérétique, la porte de nos temples saints, de ces temples si vénérés par les premiers chrétiens, qu'ils ne souffroient pas même que les cathécumènes anciens, déjà remplis de piété, de doctrine et de foi, restassent dans le lieu sanctifié, durant la célébration formidable de nos augustes mystères; qui dans ses irréligieuses lois avoit classé les vols d'église, les sacriléges révoltans, les profanations odieuses, au nombre des délits ordinaires; qui avoit pris tant de soins pour exclure des administrations des hospices, des maisons de charité fondées par la religion, les pasteurs des paroisses; qui, en un mot, s'étoit plu d'introduire jusque dans le sanctuaire les lois de la souveraineté du peuple, afin d'avilir aux regards publics le christianisme et ses prêtres, et de les faire considérer par la multitude comme les ennemis de son bonheur, comme une race d'hommes nuisibles à la France, qui ne méritoient que sa juste animadversion. C'est l'orgueilleux prisonnier de Sainte-Hélène, qui, ayant eu besoin de feindre de rétablir l'antique culte de nos pères, afin de rendre la multitude favorable à ses ambitieux projets, se régla, pour exécuter son hypocrite résolution, sur les œuvres de cette assemblée odieusement mémorable, qui *déconstitua* tout en France, en prenant le nom dérisoire d'assemblée constituante. Il voulut avoir, comme il le fit solennellement déclarer, des individus cardinaux, des individus évêques, des individus prêtres, mais nullement un corps ecclésiastique, une église gallicane; et si en 1811, par une de ces contradictions qui lui étoient si familières, il s'avisa de convoquer les évêques de France et d'Italie, pour former ce qu'il croyoit devoir être un concile national, il n'eut en vue que d'arracher par ce moyen au vénérable Pie VII son pouvoir spirituel sur l'Eglise universelle, en l'obligeant de souscrire aux articles des libertés de l'église gallicane, et de se dépouiller du droit d'instituer les évêques. Le despote avoit espéré de réussir, soit en séduisant, soit en intimidant les pontifes qu'il avoit appelés à Paris; mais la Providence en ordonna autrement, et nous touchions d'ailleurs alors à cette époque où son étoile devoit pâlir dans les champs glacés de la lointaine Russie.

Cependant les circonstances ont été si fâcheuses jusqu'ici, que presque tout ce que le tyran a fait dans le royaume contre l'Eglise n'a encore pu être réparé. Puisse la paix rétablie dans toute l'Europe, l'Espagne délivrée du joug des hommes impies et perturbateurs, qui menaçoient notre heureuse France de nouvelles calamités et de nouveaux désastres, inspirer à notre auguste Souverain la nécessaire pensée de restituer à la religion, sinon tout ce que lui ont injustement ravi les ennemis de l'ordre et de la tranquillité de la terre, du moins d'abroger la scandaleuse loi qui reconnoît la validité du mariage sans consécration religieuse ! Depuis les premiers jours de la restauration, le clergé de France, les conseils-généraux de département, et tout le peuple fidèle, attendent que le gouvernement du Roi daigne faire disparoître de notre législation une loi qu'aucune nation, même barbare, n'a osé admettre ; car écoutons à ce sujet l'histoire des siècles passés : elle nous apprend avec quelle solennité, avec quel respect, tout à la fois sacré et profond, toutes les races d'hommes ont célébré l'acte le plus important du monde civilisé.

Les Romains contractèrent toujours l'alliance matrimoniale dans leurs temples dédiés aux dieux immortels ; c'étoit le pontife, idolâtre lui-même, qui posoit de ses propres mains le joug sacré sur les deux époux. Je n'ai besoin, pour établir la vérité de ce que j'avance, d'aucune citation ancienne : le mot latin par lequel Rome désignoit le mariage est une démonstration, *conjugium, jugium.* C'étoit tout ensemble le mot de la loi et de la religion romaine.

Les sectateurs de Mahomet, séparés des autres peuples par leur culte bizarre, s'imaginent intéresser le Tout-Puissant aux mariages qu'ils célèbrent en observant avec scrupule ce qu'ils appellent leur cérémonie religieuse. Le jeune homme conduit à la mosquée la fille qu'il a choisie pour épouse, montée sur un coursier, couverte d'un voile blanc, symbole de la modestie et de la pudeur, et cherche d'avance à attirer la bénédiction du ciel par d'abondantes aumônes, et en rendant la liberté à plusieurs esclaves. Si la loi mahométane ne l'empêche pas de prendre plusieurs femmes, elle n'en reconnoît qu'une de légitime.

Les Hébreux, c'est-à-dire, les fils aînés de la terre, parce que le soleil n'a éclairé aucun peuple plus ancien selon l'universelle autorité des monumens qui nous restent, envoyoient des présens aux juives qu'ils se proposoient de demander en mariage, comme le raconte d'une si intéressante manière le livre de Tobie; et lorsqu'une vierge leur étoit accordée, ils la menoient à la synagogue, où le chantre hébreu couvroit les deux époux du *teled*, sorte de voile carré, et leur présentoit ensuite une coupe pleine de vin, en disant : Soyez béni, Seigneur, qui avez créé l'homme et la femme et commandé le mariage.

Je ne continuerai pas à rapporter ici les usages ou plutôt les cérémonies religieuses des Egyptiens, des Persans et de plusieurs autres peuples presque sauvages, par lesquelles ils consacroient, ou par inspiration naturelle, ou par tradition antique, l'alliance matrimoniale, chacun sachant bien que, dans tous les siècles et par toute la terre, les hommes ont mis la plus grave importance et la plus grande solennité à la célébrer. Comment a-t-il donc pu se faire qu'en France, après quatorze cents ans de gloire, de sagesse et de piété, on en soit venu à recevoir une loi athée? car c'est ainsi qu'il faut nommer la loi qui isole le mariage de toute cérémonie religieuse, qui le reconnoît légitime sans consécration. C'est une chose que la postérité ne voudra pas croire; car, qu'on y fasse attention, nous ne prétendons pas que le gouvernement du Roi ne reconnoisse comme valides et légaux que les mariages bénis par les ministres de la religion catholique, quoique nous ne cessions ni de croire ni de professer que cette religion est la seule véritable et divine. Nous manifestons seulement le vœu que les Français, pour être reconnus comme liés par le contrat fondamental de toute société bien ordonnée, soient attachés à l'une de ces croyances religieuses que notre nouvelle législation a déclaré vouloir protéger, et qu'ils aient fait consacrer leur mariage par les cérémonies du culte auquel ils appartiennent, avant que la loi de l'Etat les reconnoisse comme légitimement mariés: tel est le vote qu'a émis, l'an dernier, le conseil général du département des Bouches-du-Rhône, que la renommée a publié partout, et qui a obtenu le suffrage de tout le royaume.

Le mariage purement civil est un mariage athée, ou, si on aime mieux, l'union d'un homme et d'une femme qui vivent sans Dieu, qui deviennent les chefs d'une famille qui ne reconnoît d'autres lois que les lois terrestres, qui respire l'air, qui jouit de la lumière du jour, qui se nourrit des fruits de la terre, sans reconnoître l'auteur de ces biens, le Maître suprême de l'univers. La loi révolutionnaire qui autorisoit le divorce étoit cent fois moins funeste pour la société que celle qui autorise le mariage purement civil ; car, quoique le divorce soit contraire à l'Evangile, quoiqu'il favorise l'immoralité, l'oppression du foible par le fort, quoiqu'il soit opposé à l'essence du mariage de sa nature indissoluble, à la prospérité de la famille, au bonheur des enfans, le divorce néanmoins ne peut être appelé une loi sauvage, puisqu'il a existé dans le judaïsme, et que plusieurs nations l'admettent encore ; tandis que le mariage purement civil est un scandale et une sorte de monstruosité. Je dis le mariage purement civil, parce que la religion elle-même m'enseigne que le gouvernement d'un Etat a droit d'imposer des règles, des conditions à l'existence du mariage, à sa validité ; parce que je n'ignore point que ce pouvoir est inhérent à la royauté comme à toute autre sorte de régime social.

Mais, me dira-t-on peut-être, la loi civile sur le mariage n'exclut nullement les cérémonies du culte qui le consacre : aujourd'hui surtout que la France a retrouvé ses Princes chéris, la race de ses Rois toujours si religieux; aujourd'hui surtout qu'à la tête du gouvernement sont placés des ministres si hautement recommandables par leurs principes religieux et politiques, on ne sauroit dire, on ne sauroit penser que le gouvernement entende que le mariage ne soit point consacré par la religion. Je réponds qu'en convenant de tout cela, il n'en est pas moins vrai qu'une foule de familles que je n'ose nommer françaises vivent sous la protection unique de la loi civile, qui ne s'occupe ni de la religion des époux ni de l'acte qui doit sanctifier leur union; qu'il n'en est pas moins vrai qu'en toutes les cités un peu considérables du royaume, la religion gémit, lorsqu'elle compte le nombre effrayant des mariages purement civils; que la société frissonne à l'aspect de ces ménages dont le père, la mère, les enfans, sont pires que les idolâtres qui adoroient au moins quelque sorte de divinité. Qu'on me permette donc de dire, en regrettant que le gouvernement n'ait pu encore faire disparoître du milieu de nous une aussi barbare loi, que les hommes qui conçurent les premiers la funeste pensée d'isoler le mariage, le plus essentiel contrat des peuples, de la sanction divine, furent les plus

pervers

pervers que le monde ait vus; qu'ils conspirent mieux que tous les ennemis du genre humain l'art, les véritables moyens de convertir tous les Français en impies et en scélérats, si le ciel avoit pu leur permettre de le faire. Ils cherchèrent à ménager les peuples en leur laissant la faculté de faire sanctifier leurs mariages par la religion, de peur qu'ils ne s'élevassent en furieux contre eux; mais ils entendirent en même temps condamner cette même religion à la mort, si je puis m'exprimer ainsi, à peu près comme on condamnoit, chez les Romains, une vestale sacrilége à être enfermée dans un sépulcre, en ayant soin de faire mettre à côté d'elle un pain et une cruche d'eau, afin de la faire périr plus cruellement, tout en feignant d'user d'une espèce de commisération envers elle. Qu'est-ce en effet qu'une famille qui vit au milieu d'une société ayant horreur de l'athéisme, et qui n'est établie dans son sein que par le lien unique d'une formalité civile? N'a-t-elle pas moins de caractère, de ressemblance avec une famille chrétienne, que n'en ont une lice et ses petits avec les maîtres de la maison où ils vivent, avec ceux dont ils doivent être les gardiens et les défenseurs? Du moins les animaux dont je parle ont l'instinct de la fidélité; ils craignent les menaces, sont sensibles aux caresses, et on les assujettit facilement à remplir des devoirs utiles. Mais par quels moyens la

loi contraindra-t-elle les membres d'une famille,
dont l'aggrégation est absolument irréligieuse, à
honorer le prince, à obéir à ses ordonnances, à
respecter leurs semblables, à ne point conspirer
contre l'Etat, à s'abstenir de tous les crimes pernicieux, à ne pas corrompre par le venin de l'exemple et celui de l'impiété tout ce qui les entoure?
Est-ce par les condamnations légales, par la pri-
son, par la perte de leur fortune, par celle de leurs
vies? Mais qui ne sait d'abord que, comme le mortel
qui respecte son Dieu respecte tout, celui qui ne
le craint point, ne craint rien et s'expose aveuglé-
ment à tous les dangers? Que craignit l'assassin du
grand Henri? qu'a redouté l'abominable Louvel,
objurgant encore, tout chargé de chaînes et prêt
à monter sur l'échafaud, son auguste victime? Eh !
c'est jusque-là que mène l'audace de l'impiété.
Lors même que la plupart des hommes tremble-
roient devant la sévérité des lois, qui ignore que
les lois n'atteignent que les délits appuyés sur des
preuves manifestes et juridiques, et que les crimes
qui leur échappent sont comme infinis? Je dois donc
conclure que l'homme irréligieux est plus dange-
reux qu'une bête féroce, et la révolution ne nous l'a
que trop montré. Or, la loi qui reconnoît le mariage
purement civil tend à rendre les époux irréligieux
et impies, ouvre la porte au mépris de toute or-
donnance divine; que dis-je? elle concourt souvent

à rendre tels des hommes qui n'eussent peut-être jamais cessé d'être chrétiens, par la facilité qu'elle leur offre de rester libres, de s'affranchir de tout le respect, de toute la soumission qu'ils doivent à Dieu et à son culte; et, pour faire bien comprendre cette surprenante vérité, il faut que je dévoile les obstacles sans nombre qui opposent la loi civile sur le mariage à ceux même qui n'eussent jamais pensé à outrager la religion. L'Eglise, conduite par l'esprit de Dieu et avec l'applaudissement des rois et des peuples, a prohibé les alliances matrimoniales entre les personnes d'un même sang, entre les sectateurs d'un culte différent du sien, entre les fidèles liés entre eux par le moyen de l'affinité spirituelle, conjugale ou criminelle. Anciennement sa défense s'étendoit à tous les degrés de parenté qu'on pouvoit reconnoître, par les plus sages et les plus avantageux motifs; aujourd'hui elle l'a bornée au cinquième degré de consanguinité ou d'affinité. La loi ne s'arrête en aucune manière aux défenses sacrées de l'Eglise, portées néanmoins, sous peine de nullité, pour l'union religieuse, et prononce le mariage légal et indissoluble entre tous ceux qui ne sont pas frappés d'une irrégularité civile. Or, on demande de toute part comment il peut se faire que la législation d'un royaume qui reconnoît la religion catholique, apostolique et romaine, qui la professe avec amour et respect, une infiniment foible portion de ses habitans exceptée, conserve la loi civile sur le mariage, dans toutes les dispositions qui contrarient la religion dominante de l'Etat, qui expose les individus, une fois reconnus légalement mariés, à négliger, à omettre de recevoir la bénédiction divine, pour s'être engagés dans le contrat civil, ou imprudemment, ou de mauvaise foi, ou par tout autre motif qui les rend étrangers et même ennemis d'une religion qu'ils abandonnent, entraînés par le pernicieux exemple des hommes impies. En diverses circonstances, la chambre des deputés s'est occupée de cet objet essentiel ; des membres ont proposé d'abroger et de modifier une aussi étrange loi ; mais toutes les propositions sont restées sans succès, par une fatalité inexplicable.

La religion, spectatrice comme l'Europe des déplorables événemens survenus dans le royaume le plus catholique du monde, persuadée que tous les malheurs de l'Espagne n'ont eu d'autre origine que les efforts de l'irréligion et de l'impiété ; que l'audace de ces hommes qui ne reconnoissent d'autres dieux que leurs vices, d'autre culte que celui de leurs passions, ose faire arriver jusqu'aux pieds du trône des meilleurs des rois ses accens plaintifs, et tout en se félicitant, avec l'auguste chef de la nation française, du prodige que la Providence divine a bien voulu opérer, en dirigeant elle-même

la sagesse et la valeur d'un Prince issu du plus
noble comme du plus religieux sang, pour conjurer une révolte qui menaçoit le repos de tous les
Etats, et qui n'étoit redoutable que parce qu'elle
étoit impie, elle le supplie de daigner réparer les
plaies profondes que lui ont faites les règnes suc-
cessifs de l'anarchie et de l'usurpation.

*Par M.^r l'abbé Aude, vicaire-général
et curé de Tournon.*

FIN.